DISCOURS

PRONONCÉ A LA

SÉANCE SOLENNELLE D'OUVERTURE

DES CONFÉRENCES

DES AVOCATS STAGIAIRES DE GRENOBLE

Le 12 Janvier 1894

Par Me TROUILLER

PRÉSIDENT DE LA CONFÉRENCE DES AVOCATS

GRENOBLE
BARATIER ET DARDELET, IMPRIMEURS-LIBRAIRES
Grande-Rue, 4
—
1894

DISCOURS

Prononcé à la Séance solennelle d'ouverture des Conférences

DES AVOCATS STAGIAIRES DE GRENOBLE

DISCOURS

PRONONCÉ A LA

SÉANCE SOLENNELLE D'OUVERTURE

DES CONFÉRENCES

DES AVOCATS STAGIAIRES DE GRENOBLE

Le 12 Janvier 1894

Par Me TROUILLER

PRÉSIDENT DE LA CONFÉRENCE DES AVOCATS

GRENOBLE
BARATIER ET DARDELET, IMPRIMEURS-LIBRAIRES
Grande-Rue, 4
—
1894

DISCOURS

PRONONCÉ A LA

Séance solennelle d'ouverture des Conférences

DES AVOCATS STAGIAIRES DE GRENOBLE

---

*Mater cujus præcipua laus erit
tueri domum et inservire liberis.*
TACITE. *De Claris orat.*, 28.

MONSIEUR LE BATONNIER,
MES CHERS CONFRÈRES,

La question de l'émancipation juridique de la femme mariée semble soulever par certains côtés plutôt un problème social qu'un problème juridique.

La situation faite à la femme dans le mariage au point de vue de sa capacité civile varie en général suivant la place et le rôle qui lui sont donnés dans la société. Soumise à l'origine à une condition presque servile, la femme s'est élevée peu à peu, grâce à l'influence des mœurs et grâce à une conception plus large et plus humanitaire de l'idée de famille, au rang d'épouse aimée et respectée, de reine du foyer domestique. Peu à peu également, sa personnalité juridique s'est dégagée de celle de son mari ; en raison de sa dignité nouvelle, des droits plus étendus lui ont été concédés, une capacité plus grande lui a été reconnue. Bref, le temps a fait son œuvre civilisatrice et bienfaisante ; les réformes que commandait une saine justice ont été accomplies et la femme occupe actuellement dans la famille et dans la société la place que lui assignait depuis longtemps son mérite et son éternel esprit de dévouement.

Cependant, ce n'était, paraît-il, pas assez ; libre et intelligente, la femme n'a que faire de l'affectueuse protection du mari ; il lui faut plus d'indépendance. Pourquoi, tout comme le mari, n'aurait-elle pas, dans bien des cas, la faculté d'aliéner, d'hypothéquer, de disposer en un mot de son patrimoine, augré de sa volonté? Est-elle donc moins capable que l'homme? Et le principe d'unité que réclame l'administration d'une fortune suffit-il pour justifier les pouvoirs exorbitants du mari, suffit-il pour permettre que le patrimoine de la femme soit abandonné au gaspillage et aux fantaisies ruineuses d'un chef de ménage, souvent frivole et inhabile.

Certes, Messieurs, toutes ces revendications peuvent au premier abord paraître légitimes. Protéger la femme contre une influence ou une prodigalité ruineuse du mari, n'est-ce pas, semble-t-il, ramener au sein du foyer domestique l'aisance et la paix? N'est-ce pas assurer les droits des enfants dans les biens de leurs père et mère, et consolider les assises de la famille? Puisque la Révolution a proclamé l'égalité civile de l'homme et de la femme, puisque le Code a frappé d'incapacité la femme, non plus à raison de son sexe, mais en raison de sa seule qualité de femme mariée, pourquoi maintenant ne pas supprimer cette dernière iniquité en cessant de faire découler du mariage, l'acte le plus saint aux yeux de la loi, une véritable déchéance pour la femme. Et là-dessus les esprits inquiets de notre fin de siècle sont partis en guerre, oubliant les traditions du passé, oubliant surtout que consacrer cette égalité juridique de la femme, c'était en quelque sorte saper, détruire les bases mêmes de la famille et bouleverser l'état social tout entier.

Loin de moi, Messieurs, la pensée de rejeter toute idée d'amélioration dans la condition juridique de la femme mariée. Mais qui dit réforme ne dit pas révolution. S'il est des cas particuliers où les intérêts de la femme semblent compromis par la toute-puissance du mari, on y peut porter remède: il n'est pas nécessaire pour cela de tout détruire.

Nous pourrons voir dans un instant, quand nous passerons en revue les différentes législations qui se sont occupées de la question que nous traitons, et qui ont cru, au nom d'un principe abstrait d'égalité, devoir accorder à la femme cette pleine capacité qu'on revendique pour elle et qu'elle est peut-être la première à ne pas désirer, les tristes conséquences d'une pareille réforme.

Qu'il nous suffise pour le moment de dire avec Le Play : « que les principales causes du bonheur de la femme « découlent précisément de l'inégalité judicieusement « maintenue entre les deux sexes par les mœurs et les ins- « titutions. Le véritable besoin de la femme n'est pas de « jouir de l'indépendance que peut donner la propriété « personnelle, mais bien d'être aimée et protégée. »

Examinons donc, Messieurs, si vous le voulez bien, quelle a été la condition de la femme dans le passé, quelle est celle que lui a faite le Code civil et enfin quelle est sa situation actuelle d'après les lois récentes qui ont modifié notre Code. Nous terminerons par quelques études de législation comparée.

Il est une remarque générale à faire en commençant, c'est que le mariage a été plus ou moins favorable aux intérêts de la femme suivant qu'il était lui-même empreint d'un caractère plus libéral, ou qu'il plaçait davantage la femme sous l'autorité souveraine du mari. Dans les sociétés primitives et barbares, où l'achat de la femme par le mari était d'une pratique universelle, toutes les garanties sont pour le mari. Quand ensuite une civilisation plus avancée eût donné à la femme une dignité personnelle incompatible avec l'usage humiliant de l'achat, le prix devint un douaire ; mais ce douaire ne fut au fond qu'un achat revêtu d'un nom plus honorable. Enfin lorsque sous l'influence toujours croissante des mœurs, l'état de dépendance de la femme tendit à disparaître de plus en plus, la loi du mariage, en autorisant l'épouse à contribuer par un apport dotal aux charges du ménage, lui prodigua des garanties spéciales contre son mari, destinées à sauvegarder la mise de fonds qu'elle avait ainsi constituée.

La femme dans la famille attique est soumise à une tutelle perpétuelle. Mariée ou non, elle ne cesse pas d'être sous l'autorité d'un tuteur qui est d'abord son père, ensuite son aïeul paternel et à défaut ses frères consanguins.

Cette tutelle de la famille accompagne la femme jusque dans la maison conjugale, et c'est le mari qui en recueille la charge quand la femme n'a plus aucun parent.

En ce qui concerne les biens de la femme, la législation athénienne nous offre une singularité remarquable. Si la femme a des enfants nés soit du mariage, soit même d'un précédent mariage et que ces enfants aient atteint l'âge de vingt ans, ils sont de droit tuteurs des biens de leur mère : le mari demeure seulement tuteur de la personne de la femme. C'est aux enfants ainsi mis en possession à pourvoir aux besoins de la mère. Si le père vient à mourir, la tutelle passe du mari à ces mêmes enfants.

La dot offre dans le droit attique un caractère à part qu'il est bon de mettre en relief. Quand la femme était unique héritière, et à ce titre recueillait toute la fortune de ses auteurs, la loi athénienne, pour empêcher les biens de sortir de la famille, imposait à la femme l'obligation d'épouser son plus proche parent. Ce dernier avait la tutelle de la femme et de ses enfants jusqu'au jour où les enfants, ayant atteint leur majorité de vingt ans, se trouvaient investis de l'administration des biens de la mère. (V. Troplong, *Contrat de mariage*, t. I, p. 90.) Si la femme n'était pas seule héritière, ses auteurs lui constituaient une dot en la mariant, et la personne de la femme restait sous leur tutelle jusqu'à leur mort. Le mari avait seulement la jouissance de la dot pendant le mariage et demeurait obligé de la restituer à celui qui l'avait constituée.

Nous retrouvons à Rome cette situation de dépendance absolue de la femme que nous avons rencontrée à Athènes. Dans l'ancien droit romain, une tutelle perpétuelle pèse également sur les femmes, moins à raison de la faiblesse de leur sexe que pour maintenir les biens héréditaires dans la famille et perpétuer le souvenir des ancêtres. Non mariée, la femme est sous la tutelle de ses ascendants et à défaut de ses agnats; esclave affranchie, elle est sous la tutelle de son patron; mariée, elle reste encore sous la puissance de son père, sous sa *patria potestas* ; le père peut toujours disposer de sa fille, l'arracher à l'époux auquel il l'avait donnée, la vendre, la punir de mort. Cette sujétion ne disparaît pour faire place à la puissance maritale qu'en cas de mariage avec *manus*. La sévère institution de la *manus*, en effet, fait passer la femme sous la puissance du mari, donnant ainsi à ce dernier un droit absolu sur la personne et sur les biens de la femme. Dans ce mariage, a dit M. Laboulaye, « la femme était sacrifiée à cette unité politique de la famille qui se résumait tout entière dans la personne du chef ».

Le mari acquiert sa femme à peu près comme on acquiert une chose. En passant sous la *manus* de son mari, la femme devient étrangère à sa propre famille et rentre dans la famille du mari, non pas comme l'égale du mari, mais comme fille du mari (*loco filiæ*), de telle sorte que quand ce dernier vient à mourir, elle lui succède en cette qualité avec ses autres enfants.

Soumise à la volonté et à la puissance du mari, la femme ne peut même pas tester, et nous voyons cette incapacité subsister jusqu'à l'empereur Adrien. La donation entre vifs lui est même rendue impossible par les difficultés de toutes sortes qu'on accumule autour d'elle.

Ce régime de la *manus*, qui imposait aux femmes une dépendance exagérée, ne devait pas subsister longtemps. Non seulement il allait faire place au mariage libre, c'est-à-dire au mariage se formant par le seul consentement, mais encore il allait se trouver profondément bouleversé par l'apparition d'une institution nouvelle, l'institution de la dot.

Désormais, la femme, en apportant au mari un ensemble de biens qui formeront la dot, sera assurée, quoique mariée avec *manus*, de prendre une part des biens paternels et de n'être pas ainsi totalement exclue du patrimoine familial. Si au contraire la femme est demeurée en puissance de son père, ses enfants du moins recueilleront dans sa succession cette dot qui, d'après les principes de l'ancien droit, aurait dû fatalement retourner au *paterfamilias*. (V. Gide., *Du caractère de la dot*, p. 506.)

C'est pour atteindre ce dernier but que la dot revêtit un caractère spécial que nous ne lui avons pas trouvé dans le droit athénien. La dot demeurait la propriété pleine et entière du mari.

Ainsi organisé, le régime dotat assurait, il est aisé de le comprendre, une véritable indépendance à la femme, sous quelque pouvoir qu'elle se trouvât placée. Obligé de fournir la dot, le père de famille ne conservait plus qu'une puissance amoindrie; contraints par le magistrat, de consentir à une constitution dotale lors du mariage de la femme, les tuteurs perdaient en grande partie le pouvoir que l'ancien droit leur avait donné. Enfin, quoique propriétaire de la dot, le mari pouvait voir son droit s'évanouir à tout instant, obligé qu'il était de restituer cette dot, en cas de divorce de sa femme. Aussi, sans cesse sous le coup de l'action dotale, le mari était-il sous la dépendance presque absolue de sa femme. « *Argentum adcepi, dote imperium vendidi,* » dit Plaute : en recevant la dot, le mari vend sa puissance maritale.

Cependant, Messieurs, par une réaction inévitable, cette émancipation trop largement accordée à la femme allait trouver un contrepoids dans une série d'incapacités nouvelles dont nous retrouvons la trace dans la loi sur la liberté de tester, dans les lois somptuaires d'Auguste, punissant les dérèglements de la femme par la privation de ses droits héréditaires, et enfin dans le sénatus-consulte Velleien.

L'incapacité nouvelle dont la femme est frappée n'a plus pour fondement l'intérêt de la famille et la perpétuité du culte domestique. Loin même d'apparaître comme une mesure de protection en faveur des femmes, elle n'est inspirée que par la crainte que l'on avait alors de voir s'accroître leur influence dans la société romaine. Aussi renferme-t-on leur activité juridique, dans le cercle de leurs affaires privées et leur défend-on, comme incompatibles avec les devoirs de leur sexe, tous les actes par lesquels elles pourraient s'ingérer dans les affaires d'autrui. Elles ne peuvent faire au profit d'un tiers aucun acte judiciaire : elles sont incapables de témoigner en justice, enfin, et c'est là l'institution du Velleien, elles ne peuvent s'engager pour la dette d'autrui.

Telle est dans son ensemble la condition de la femme dans la société romaine. On sait quelles furent les destinées de l'empire de Rome et de ses institutions. Les invasions germaniques, tout en renversant l'empire, avaient laissé debout son droit civil : les coutumes germaines étaient venues se juxtaposer aux lois romaines ; le midi de la France avait conservé le droit de Rome et en avait fait sa loi commune, tandis que le nord, plus complètement envahi par les hordes barbares, s'était aisément laissé pénétrer par l'esprit germanique. Pendant de longs siècles, l'influence romaine et l'influence germanique s'exercèrent séparément sans se confondre. Ce n'est que plus tard, au XIIIe siècle, que les travaux des glossateurs, en faisant revivre les études du droit romain, commencèrent ce long travail de rapprochement et de fusion des lois romaines et des coutumes germaniques, dont notre Code civil est le dernier terme.

La condition de la femme est demeurée, dans le midi de la France, à peu près ce qu'elle était dans les derniers temps de l'empire romain. Le régime dotal, avec son système de garanties particulières, prévient toute confusion d'intérêts entre les époux. La loi, en assurant à chacun des époux la conservation intégrale de ses biens propres, ne lui accorde que des droits très limités sur ceux de son conjoint. La femme n'a qu'un droit de survie sur les biens de son mari ; de son côté le mari voit son autorité maritale se limiter, comme sous la loi romaine, aux seuls biens apportés par la femme et constituant la dot. Quant aux autres, quant à ceux dont la femme s'est réservé l'administration et la jouissance, l'épouse n'est soumise à aucune autorité maritale.

Le Velléien conserve également dans les pays de droit écrit toute sa puissance, tandis qu'il rencontre, du moins momentanément, au sein de la législation coutumière, un obstacle sérieux dans le régime matrimonial de la communauté de biens qui confond et identifie les intérêts des deux époux. Comment en effet interdire à la femme de s'obliger avec son mari ou pour son mari lorsque tous leurs intérêts seront communs ? Cependant nous devons dire que le principe du Velleien ne demeura pas longtemps sans se concilier, grâce aux efforts des jurisconsultes, avec le principe de la communauté coutumière. Le bénéfice de ses dispositions ne tarda pas à être accordé à la femme commune et caution de son mari, toutes les fois que les deniers empruntés par le mari n'avaient tourné ni au profit de la communauté ni au profit personnel de l'épouse. Quant à fa femme, fille ou veuve, sa capacité est entière. Plus de tutelle, plus de Velleien ; toute femme qui n'est pas en puissance de mari retrouve sa pleine capacité. Les chartes du XIIe et du XIIIe siècles sont unanimes à consacrer cette complète indépendance de la femme non mariée.

Si l'on remonte du Midi vers le Nord, si on laisse le régime dotal pour étudier cet autre régime matrimonial qu'on nomme la communauté de biens, on ne voit plus la puissance maritale affaiblie et limitée, mais au contraire accrue et fortifiée. Quoique confondus au point de vue de leurs intérêts, les époux ne conservent pas aux yeux de la coutume la même situation. Le besoin impérieux et persistant de la bonne administration du ménage, le souvenir toujours vivant de l'ancien *mundium* germanique ont tendu à faire attribuer au mari le titre de chef de l'association conjugale et à consacrer à son profit la plénitude du pouvoir domestique. De là l'incapacité de la femme mariée.

L'ancien droit coutumier avait fondé l'incapacité de la femme sur le devoir d'obéissance de la femme, sur le respect de l'autorité du mari. Il avait écarté l'idée de protection accordée à la femme à raison de sa faiblesse et de son inexpérience. Ce point de vue s'affirme d'ailleurs dans la qualification de « seigneur et maître » que les coutumes donnaient au mari.

De ce point de vue de l'ancien droit on avait déduit deux conséquences :

1° Le mari même mineur pouvait autoriser sa femme ; son autorisation n'était pas remplacée par celle de la justice ;

2° Les actes passés par la femme sans autorisation du mari étaient frappés d'une nullité d'ordre public, c'est-à-dire d'une nullité absolue. Il est en effet d'ordre public que l'autorité du mari soit respectée comme toute autorité.

Dans l'ancien droit donc, l'idée de protection de la femme était écartée.

Ce système du droit coutumier fut aussi celui des philosophes du xviiie siècle ; Condorcet, dans son *Esquisse des Progrès du genre humain*, qualifiait de préjugé l'inégalité des sexes, inégalité qu'on ne peut justifier, dit-il, car la femme n'est pas moins intelligente que l'homme. C'était aussi le système du projet de Code civil que Cambacérès présenta à la Convention le 9 avril 1793.

Le Code de 1804, à son tour, introduisit un principe nouveau. Il abrogea complètement l'incapacité Velléienne, mais il maintint le principe coutumier de l'incapacité de la femme mariée. Toutefois, il fonda cette incapacité non plus uniquement sur l'autorité du mari, mais encore sur la faiblesse de la femme, de telle sorte qu'on peut dire que les articles 215 et suivants, qui établissent cette incapacité, sont en corrélation parfaite avec l'article 213, qui a réuni dans la même disposition le devoir d'obéissance de la femme et le devoir de protection du mari (V. *Travaux préparatoires et déclarations de Tronchet*).

L'autorité maritale est donc tout à la fois un acte d'autorité et un acte de protection.

Mais, dira-t-on, la femme mariée a-t-elle moins d'intelligence que la femme fille ou veuve, qu'il faille la protéger contre elle-même ? Assurément non ; mais comme il était imposible de mettre en état d'incapacité toutes les femmes, c'est-à-dire plus de la moitié du genre humain, il devenait tout naturel de placer la femme mariée sous la tutelle du protecteur légal qu'elle s'était librement donné.

Certains esprits révolutionnaires voudraient supprimer cette autorité : nous doutons que leurs prétentions puissent jamais prévaloir, du moins dans ce qu'elles pourraient avoir de trop radical. « Si vous supprimez l'autorité mari-
« tale, dit M. Gide, dans son beau livre sur la condition
« privée de la femme, il vous faudra en revenir aux
« mœurs païennes, il vous faudra rompre cette commu-
« nauté d'intérêts entre les époux et exclure la femme de

« toute participation aux affaires du ménage, à moins,
« pourtant, que vous ne préfériez encore renverser les rôles
« et donner à la femme la suprématie. »

Il y a, Messieurs, dans la question de l'autorité maritale, deux éléments bien distincts à envisager : l'élément moral et l'élément juridique. Que la femme doive obéissance à son mari pour tous les actes qui concernent directement sa personne, c'est là un principe de morale absolu, que la loi a même pris soin d'introduire dans son texte (art. 213). Concevrait-on, par exemple, qu'une femme mariée pût contracter un engagement théâtral sans l'autorisation du mari, qu'elle pût se faire naturaliser étrangère sans cette même autorisation ?

De même, et c'est l'élément juridique de la question, pour tout ce qui touche aux biens dont la femme a donné par contrat l'administration et la jouissance au mari où à la communauté, on ne conçoit pas que la femme puisse faire sur eux aucun acte de disposition sans l'assentiment de son mari.

Quelle est l'étendue de cette incapacité de la femme qui commence et finit avec le mariage? Vous le savez tous, Messieurs, tout acte d'aliénation, d'acquisition, d'obligation est interdit à la femme non autorisée.

Cette nécessité de l'autorisation maritale n'est pas toutefois absolue, et elle fléchit dans certains cas. La femme contractuellement ou judiciairement séparée de biens peut faire sans autorisation tout acte relatif à l'administration de ses biens (art. 1449 et 1536). Il en est de même de la femme dotale quant à ses paraphernaux et de la femme mariée sous un régime quelconque, et ayant reçu par contrat de mariage le droit général d'administrer (art. 223).

D'autre part, la femme peut faire seule tous les actes se référant à la puissance paternelle, tels qu'une reconnaissance d'enfant naturel (art. 337), ou l'acceptation d'une donation faite à l'enfant mineur (art. 935), et tous ceux relatifs à l'état des personnes.

La femme peut tester librement (art. 226), s'engager par toute espèce d'obligations non conventionnelles, délits, quasi-délits, quasi-contrats. Enfin, la femme quand elle fait un commerce séparé de celui de son mari, peut, en vertu d'une autorisation générale une fois donnée, faire tous les actes quelconques qui intéressent ce commerce.

Le principe même de l'autorisation maritale paraît donc au-dessus de toute controverse. Les époux, il est vrai, supportent ensemble les charges du ménage, mais légalement c'est le mari qui est responsable des dépenses de l'association conjugale, et il semble difficile qu'il en soit autrement, ne fût-ce que dans l'intérêt des tiers.

D'ailleurs, Messieurs, remarquez-le bien, le plus souvent les époux concourent sur le pied d'une égalité au moins morale à la gestion de leurs intérêts communs ou personnels. L'hypothèque légale, en obligeant le mari, soit qu'il aliène ou hypothèque les immeubles de sa femme, soit qu'il contracte un engagement purement personnel, à réclamer le concours juridique de cette denière, pour donner pleine sécurité aux tiers, est une preuve indéniable de cette collaboration constante.

Pour contester la légitimité de l'autorité maritale, les doctrines féministes n'envisagent que des cas spéciaux, anormaux : dissipation de la fortune commune, inconduite du mari ; ces situations douloureuses, mais exceptionnelles, ne suffisent point à justifier les prétentions égalitaires et absolues qui auraient pour but de les faire disparaître. A ces misères de la vie conjugale, le législateur a apporté des remèdes : divorce, séparation de corps, séparation de biens, et ces remèdes suffisent.

En dehors de ces hypothèses, notre Code civil n'assure-t-il pas à la femme une protection fort large?

De nombreuses dispositions de la loi, en effet, viennent dans une certaine mesure mettre obstacle aux conséquences désastreuses que pourrait avoir l'influence despotique du mari sur sa femme.

L'article 1595 prohibe les ventes entre époux. L'article 1096 tout en validant les donations entre époux pendant le mariage, les déclare essentiellement révocables, assurant ainsi l'indépendance parfaite des deux époux, l'un vis-à-vis de l'autre.

La femme peut même révoquer une donation qu'elle

aurait faite à son mari, sans recourir à aucune autorisation.

De plus la femme ne peut, en vertu des dispositions de l'article 2144, consentir à la reduction de son hypothèque légale au profit de son mari, sans recourir à des formalités étroites qui lui assurent une pleine garantie.

Tous les actes que la femme pourrait faire et qui seraient de nature à réfléchir contre le chef de famille, ne tombent point sous l'effet destructeur et extinctif de la prescription (art. 2256).

Enfin, la femme ne peut de concert avec son mari, faire subir aucune modification à son contrat de mariage (art. 1395).

Qui ne voit, dans toutes ces dispositions, une préoccupation constante du législateur à maintenir pour la femme une certaine égalité de droit en dégageant sa personnalité des étreintes de la puissance maritale ?

Il est cependant des cas, nous ne le contestons pas, où les intérêts de la femme peuvent courir de grands risques, se trouvent livrés à la fantaisie souvent malveillante et toujours ruineuse du mari. La faculté laissée par le Code à la femme de s'obliger pour son mari et, en général, de contracter avec lui (art. 1431), n'est pas sans présenter de nombreux et sérieux inconvénients. Tous les jours, les femmes se portent caution pour leur mari, et souvent il arrive que les conséquences de ces engagements retombent sur elles à cause de l'insolvabilité du mari. Il semble qu'ici, et d'une façon générale, toutes les fois qu'il y aurait eu opposition d'intérêts entre les deux époux, la loi aurait dû établir un système de formalités protectrices, sauvant la femme de tout entraînement ou de toute contrainte, et donner par exemple aux tribunaux le mandat de veiller sur la femme en lui accordant ou en lui refusant l'autorisation de contracter pour son mari.

La loi italienne (Code civil d'Italie, articles 134 à 136) s'est montrée sur ce point beaucoup plus sage que la nôtre, car elle a formellement imposé à la femme qui veut contracter avec son mari ou le cautionner, l'obligation d'obtenir l'autorisation de justice.

A cette situation fâcheuse que nous venons de signaler,

il y a cependant un remède. La femme peut, si elle le désire, retirer par contrat au mari les pouvoirs que lui confère la loi sur ses biens, et conserver pour elle l'administration de ces biens et la jouissance de ses revenus. Le mariage n'est au fond qu'un contrat, et, comme tous les contrats, il peut être réglé selon la volonté des parties.

Le Code présente encore une autre anomalie, qu'on pourrait faire disparaître sans inconvénient. Dans les cas très nombreux où la femme se réserve l'administration et la jouissance de tout ou partie de ses biens, l'incapacité résultant du mariage vient gêner, dans une large mesure, la gestion de la femme. Elle ne peut ni plaider ni aliéner ses immeubles, ni les hypothéquer sauf autorisation. Il y a à une entrave très grande à l'activité juridique de la femme, et il semblerait bon que la femme pût, relativement aux biens qu'elle a cru devoir soustraire à l'administration du mari, faire tous les actes de la vie civile.

En 1884, M. Naquet, reconnaissant l'exactitude de cette critique, avait présenté à la Chambre une pétition tendant à faire octroyer à la femme séparée de biens la faculté d'aliéner et d'hypothéquer ses immeubles, d'acquérir et d'ester en justice sans l'autorisation du mari. Il ne fut malheureusement pas pris note de cette reclamation.

La loi italienne, sur ce point encore, offre un système législatif plus rationnel que celui de notre droit français. Elle n'a pas, il est vrai, supprimé l'autorisation maritale, mais elle laisse au mari la faculté de donner à sa femme, même pendant le mariage, une autorisation générale, autorisation qui, d'ailleurs, peut toujours être révoquée.

La nécessité de l'autorisation maritale pourrait encore disparaître toutes les fois que le mari est absent ou se trouve frappé d'incapacité ou d'indignité.

Non seulement aucun de ces évènements n'a pour résultat de restituer à la femme la plénitude de sa capacité civile, mais il ne la fait même pas hériter des pouvoirs d'administration dévolus au mari (art. 221 et 222). Aussi la nécessité d'une intervention incessante de la justice en cas d'absence, d'incapacité ou d'indignité du mari devient elle pour l'association conjugale un surcroît inutile de frais et d'ennuis.

Enfin le Code accorde à la femme le droit de tester (art. 905). Mais il peut arriver dans biens des cas que la femme soit empêchée d'user de ce droit. Supposez un mari cupide et qui irrité du dessein de sa femme mourante de révoquer un testament rédigé en sa faveur, congédie l'officier public appelé à cet effet.

Voilà la femme, au mépris de la disposition législative qui lui permet de tester en toute liberté, paralysée au sein de l'agonie dans l'exercice de ce droit sacré. Nous pensons qu'il y aurait sur ce point également une réforme à faire pour empêcher les effets désastreux d'un mari abusant de son autorité à un moment où sa femme ne peut plus par elle seule réaliser ses dernières volontés.

Telle est, Messieurs, dans son ensemble la situation faite à la femme mariée par le Code civil, et telles sont rapidement exposées les améliorations qu'on pourrait y apporter.

J'arrive maintenant aux lois spéciales postérieures au Code qui sont venues sur d'autres points réaliser de justes réformes.

La première en date est la loi du 9 avril 1881, sur les Caisses d'épargne postales.

Le but de cette loi, tel qu'il ressort de l'examen des travaux préparatoires, fut d'assurer aux femmes mariées sous le régime de la Communauté légale le bénéfice de leurs économies.

A cet effet, elles étaient autorisées à se faire ouvrir des livrets de caisse d'épargne sans l'assistance de leurs maris et à retirer les sommes inscrites aux livrets ainsi ouverts. Dans ce dernier cas, toutefois, on laissait au mari le droit de faire opposition.

L'apparition de cette loi eut pour conséquence immédiate de jeter le monde juridique dans un affolement complet. On cria au renversement de toutes les règles du Code sur la Communauté, à l'abolition de l'autorité maritale, à la suppression de l'art. 1421 qui donne au mari seul le droit d'administrer les biens communs. Désormais

on pourrait voir « une femme gérer toutes les valeurs com-
« munes, si les sommes déposées par elle à la caisse, for-
« ment l'unique avoir du ménage. » (*Revue critique* 1881,
p. 579.)

Il s'en faut cependant que la loi nouvelle ait eu une semblable portée. Les discussions mêmes qui l'ont préparée nous rassurent sur ce point.

A vrai dire, elle nous apparaît comme absolument inutile. Elle n'a fait uniquement que régulariser une pratique consacrée dans toutes les Caisses d'épargne. Autrefois, en effet, quand la femme déposait à la caisse des sommes ou les retirait elle était censée agir en vertu d'un mandat général et tacite du mari et nullement en vertu d'un droit propre, tout comme la femme qui pour les mille petits achats de la consommation quotidienne est considérée comme mandataire du mari. Ce dernier demeurait libre de retirer le mandat ainsi donné à sa femme en prévenant la Caisse d'épargne par une opposition régulière.

Qu'était-il besoin d'une loi pour faire l'application à un cas particulier d'un principe de droit incontesté ? Il devenait bien évident que la femme agissant en vertu d'un mandat général et tacite, n'avait pas à justifier de l'existence de ce mandat: aussi ne le lui demandait-on pas. Quant au droit d'opposition que la loi de 1881 donne au mari en cas de retrait des sommes déposées, il devient lui aussi, bien superflu, puisque tout mandat est essentiellement révocable.

Une autre innovation, celle-là plus sérieuse et fort importante, a été introduite par la loi du 9 mars 1891 portant modification aux droits du conjoint survivant dans la succession de son conjoint prédécédé.

Le Code civil dans son article 767 faisait au conjoint survivant une situation tout à fait défavorable: meconnaissant les liens d'affection que le mariage avait pu faire naître, il n'appelait l'un des époux à succéder à son conjoint qu'à défaut d'héritiers légitimes ou naturels. La loi du 9 mars 1891 est venu remédier à ce déplorable état de choses en donnant au survivant des conjoints une part raisonnable dans la succession du prédécédé, part qui varie selon les cas, mais qui subsiste toujours, même en présence d'héritiers réservataires.

Bien que cette loi ne s'attache pas à améliorer spécialement la situation de la femme au point de vue successoral, le droit d'usufruit qu'elle consacre étant attribué indisinctement au mari ou à la femme qui survit, il était cependant utile de les mentionner ici, car dans la plupart des cas, c'était la femme qui, privée de l'appui et du travail de son mari avait le plus à souffrir des dispositions étranges de l'art. 767 du Code civil.

J'arrive maintenant sans transition à la loi capitale de la matière, la loi du 6 février 1893.

La situation faite à la femme séparée de corps dans ses rapports avec son mari appelait une réforme.

Après la séparation de corps, la raison même qui justifie le principe de l'autorité maritale et l'incapacité de la femme qui en est la conséquence a disparu. Dans notre législation, en effet, l'autorité maritale est instituée en vue des intérêts généraux de la famille et de l'unité de direction à donner à l'association conjugale. A notre époque aucune incapacité ne pèse sur la femme à raison de son sexe ; la femme majeure, célibataire ou divorcée, jouit de la plénitude de ses droits civils.

Si pendant le mariage, sa capacité se trouve limitée c'est que la bonne administration du patrimoine commun l'exige impérieusement. Mais dès que cette communauté d'intérêts qui unit les époux n'existe plus, pourquoi maintenir au profit du mari une prérogative qui n'a plus sa raison d'être? L'incapacité de la femme cesse bien en cas de mort ou de divorce ; pourquoi ne cesserait elle pas, dès que par l'effet de la séparation de corps les intérêts pécuniaires des deux époux ont cessé d'être confondus?

L'ensemble de la loi du 6 février 1893 se rattache d'une façon très étroite aux dispositions de la loi du 27 juillet 1884 sur le divorce. (V. *Réforme sociale*, 1887, T I, p. 336.) Au moment même où se discutait cette dernière loi et où le rétablissement du divorce était sur le point d'être voté, quatre sénateurs, MM. Allou, Batbié, Denormandie et J. Simon, effrayés des désordres qu'allait apporter dans l'organisation du mariage la réapparition du divorce, présentèrent au Sénat une proposition de loi tendant à améliorer la situation de la femme séparée de corps. L'intention des auteurs de la proposition était de limiter autant que possible le nombre des divorces en donnant à la femme séparée de corps une capacité plus grande que celle organisée par le Code civil et en desserrant quelque peu les liens du mariage en faveur de ceux qui les trouvant trop intolérables ne voulaient cependant pas les briser complètement. Outre les questions relatives à la séparation de corps le projet comportait la création de nouvelles nullités de mariage.

Par tous moyens on cherchait donc à lutter contre les séductions du divorce et à sauvegarder le principe de l'indissolubilité du mariage.

Après bien des fluctuations, la proposition aboutit à la loi du 6 février 1893. Du projet primitif il ne subsista que la réforme relative à la séparation de corps, celles concernant les nullités de mariage ayant été écartée par le Conseil d'Etat.

L'article 3 de la nouvelle loi, portant modification de l'article 311 du Code civil est ainsi conçu ;

« *La séparation de corps emporte toujours la séparation*
« *de biens ; elle a, en outre, pour effet de rendre à la femme*
« *le plein exercice de la capacité civile, sans qu'elle ait be-*
« *soin de recourir à l'autorisation de son mari ou de jus-*
« *tice.* »

La portée de cette innovation est grande, Messieurs, surtout si l'on songe à ce qu'était la condition juridique de la femme séparée de corps sous l'empire du Code civil.

La séparation de corps, tout en restituant à la femme la libre administration de son patrimoine propre et en lui conférant dans l'ordre des intérêts pécuniaires une sorte d'indépendance juridique, laissait néanmoins subsister dans toute son étendue l'autorité maritale en ce qui concernait la personne de la femme et les actes de disposition sur sa fortune.

Quoique séparée de corps, la femme ne pouvait, en effet, librement soit contracter un engagement théâtral, soit louer ses services, soit encore s'engager dans une entreprise commerciale sans autorisation du mari ou de justice.

Elle ne pouvait pas davantage disposer de ses immeubles à quelque titre que ce fût ; quant à ses meubles, il lui était interdit de les aliéner à titre gratuit.

Et il s'en suivait que dans tous ces cas, l'autorisation du mari, qui jusqu'au jour du jugement avait conservé son empreinte tutélaire, revêtait un caractère de vexation.

Le mari se faisait un plaisir de refuser son autorisation à sa femme et de lui susciter des embarras coûteux en l'obligeant à recourir à la justice.

A ce régime de rigueur et de despotisme la loi de 1893 a substitué un régime de liberté et d'indépendance juridique pour la femme. Désormais la femme recouvre l'entière disposition de ses biens et de sa personne ; plus de contrainte, plus de restriction à sa capacité. Elle peut librement emprunter, aliéner et acquérir même à crédit des meubles et des immeubles, hypothèquer, convertir des titres nominatifs en titre au porteur, accepter un mandat, compromettre, transiger, etc., etc... Elle se trouve de plus affranchie de la nécessité de l'autorisation maritale pour ester en justice.

Nous n'avons pas à étudier la loi nouvelle dans ses nombreuses conséquences juridiques et à révéler à cet égard ses mérites et ses défauts.

Au point de vue plus spécial qui nous occupe, la loi du 6 février 1893 paraît avoir réalisé une innovation importante et très désirable. La situation faite par le Code civil à la femme séparée de corps appelait une réforme. En restituant à la femme son entière indépendance juridique le législateur de 1893 a rompu d'une façon éclatante avec cette tradition erronée du passé qu'il faut tout craindre de l'inexpérience et des caprices de la femme.

Il est difficile pour le moment d'envisager avec netteté les conséquences de la loi nouvelle ; mais le caractère même d'urgence qui sollicitait l'état de choses qu'a établi cette loi, ne doit nous laisser aucune appréhension. Si bien, la femme abusant de ses nouveaux pouvoirs venait à dissiper follement son patrimoine, à compromettre les droits de ses enfants, le recours au droit commun suffirait à conjurer le danger. L'interdiction ou la nomination d'un conseil judiciaire mettraient immédiatement fin à toute prodigalité ou à toute inexpérience désastreuse de la part de la femme. L'institution même de la réserve serait également là pour limiter les fantaisies inconsidérées de la femme et ses tendances à une générosité excessive ou malsaine. La crainte de ces inconvénients n'était donc pas suffisante pour faire maintenir l'incapacité de la femme séparée de corps quand tant d'autres excellentes raisons militaient en faveur de sa disparition.

Tout en reconnaissant la légitimité des dispositions de la loi du 6 février 1893, il est impossible de ne pas formuler une réserve en ce qui concerne l'émancipation de la femme quant à sa personne.

Maîtresse d'elle-même, il est à craindre que la femme compromette la dignité du mari et de la famille tout en compromettant la sienne propre.

A ce point de vue, il eût été plus raisonnable, puisque la séparation de corps ne fait que relâcher le bien conjugal sans le rompre, de laisser subsister au moins en partie l'autorité du mari, conséquence nécessaire du mariage. Bien que la vie commune ait cessé, un certain nombre d'intérêts communs subsistent néanmoins, tels que l'obligation d'élever les enfants, le droit éventuel aux gains de survie, sans parler des questions de haute moralité et intéressant l'honneur de la famille. Par suite le mari doit pouvoir veiller encore sur la personne de sa femme. C'est même en tenant compte de ces divers points de vue que le Sénat avait tout d'abord tenté de restreindre l'indépendance de la femme en l'obligeant pour toutes les autorisations à s'adresser à son choix soit à son mari, soit directement au tribunal. Et encore dans ce dernier cas le mari aurait-il eu le droit d'intervenir, la requête à fin d'autorisation devant lui être dénoncée. La Chambre n'accepta point cet amendement qui avait le tort d'être trop général et d'englober dans la nécessité de l'autorisation tous les actes d'ordre pécuniaire au lieu de la restreindre à ceux concernant la personne de la femme.

Je ne puis m'empêcher, Messieurs, en terminant cette étude sur la condition juridique de la femme mariée dans notre droit français, de m'arrêter quelques instants sur une situation spéciale et toute défavorable qui est faite à la femme mariée sous le régime de la communauté légale. Dans la majorité des ménages l'homme n'est pas seul à travailler et à contribuer aux charges de la vie ; la femme elle aussi par son industrie ou son travail personnel peut réaliser des gains sérieux qui viennent se confondre dans la caisse commune. Si le mari est un homme d'ordre en même temps qu'un bon administrateur, il n'y a aucun inconvénient à voir s'opérer cette confusion des produits du travail de chaque époux. Mais il n'en est malheureusement pas toujours ainsi, surtout dans les classes ouvrières. Les gains ou les salaires de la femme étant mis en vertu de la loi à la disposition du mari, en sa qualité d'unique administrateur des biens communs, art. 1421 et 1422, il en résulte pour la femme une situation légale tout à fait déplorable.

Prenons quelques exemples : Supposez une femme gagnant honorablement mais péniblement sa vie et celle de ses enfants au moyen d'un travail manuel ou intellectuel. Le mari, lui, néglige ses devoirs de père de famille et d'époux, se livre à la paresse, déserte le domicile conjugal à de fréquents intervalles ; puis quand il y revient, il fait main basse sur ce qu'il trouve à la maison, vend tout ou partie des objets mobiliers se trouvant au logis... et s'en va ! Il n'y a rien à dire car il est légalement dans son droit.

Supposez encore une malheureuse mère de famille qui lasse des mauvais traitements de son mari et de la façon honteuse dont il gaspille le petit avoir du ménage, va louer ses services au dehors. Ce mari débauché va pouvoir, et il n'y saurait guère manquer, s'opposer à ce que les gages de sa femme lui soient payés directement à elle même, et se les attribuer en totalité.

Ces exemples ne sont pas les seuls, et les cas du genre de ceux que nous venons de citer abondent malheureusement.

Que reste-t-il à faire à la femme malheureuse qui se trouve dans de semblables occurences ? Rien ou presque rien. Elle n'a d'autre ressource que de demander son divorce ou sa séparation de corps ou de biens : mais ce sont là, il faut l'avouer, des moyens bien extrêmes et qui pour cette raison ne sauraient constituer un remède suffisant et pratique.

Une réforme s'impose donc qui tendrait à donner à la femme mariée un droit sur le produit de son travail.

L'amélioration qu'aurait introduite en ce sens l'art. 6 de la loi du 9 avril 1881 sur les Caisses d'épargne postales, et qui donne aux femmes mariées quel que soit leur régime matrimonial le droit de se faire ouvrir des livrets sans l'assistance de leurs maris et de retirer sans cette assistance, les sommes inscrites aux livrets ainsi ouverts, est rendue négative par la faculté qui est laissée aux maris de faire opposition au retrait desdites sommes.

Pour que la disposition dont il s'agit fût réellement efficace il faudrait que la femme fût *seule* admise à retirer les sommes déposées par elle. (*Revue Critique*, 1882, p. 42 et suiv.).

Indépendamment du texte inutile de l'art. 6 de la loi du 9 avril 1881, une réforme due à l'initiative de MM. Jalabert et Glasson, professeurs à la Faculté de droit de Paris, a récemment été tentée. Voici l'un des articles du projet de loi rédigé par MM. Jalabert et Glasson : « *Lorsque le mari met par son inconduite les intérêts du ménage en péril, la femme peut, sans demander la séparation de biens, obtenir de la justice le droit de toucher elle-même les produits de son travail et d'en disposer librement.* »

Il est à regretter que ce projet, bien que renfermant des dispositions supérieures à l'état de choses actuel, paraisse considérer le droit de la femme mariée sur le produit de son travail, comme une simple faveur que la femme aurait à obtenir de la justice et dans des conditions déterminées, et non pas comme un *droit absolu.*

Une autre disposition du projet Jalabert et Glasson et se rattachant, bien qu'indirectement à la question qui nous occupe, mérite d'être signalée. Elle constituerait une sanction des art. 214 et 203 du Code civil. Elle est ainsi conçue : « *En cas d'abandon, la femme peut obtenir du juge de paix l'autorisation de saisir-arrêter et de toucher les deux tiers des salaires ou émoluments du mari, si elle a à sa charge des enfants issus du mariage ; le tiers si elle n'en a pas.* »

Le mari contracte par l'effet du mariage l'obligation de subvenir aux besoins de sa femme selon ses facultés, et d'élever les enfants nés de l'union conjugale. Le projet ci-dessus assurerait l'exécution de ce devoir de morale inscrit dans la loi. Il servirait d'ailleurs de complément à plusieurs dispositions législatives déjà anciennes relatives aux femmes et aux enfants des militaires. Savoir : Avis du Conseil d'Etat du 11 janvier 1808, loi du 11 avril 1831, art. 28 sur les pensions de l'armée de terre. — Loi du 18 avril 1831, art. 30, sur les pensions de l'armée de mer.— Loi du 10 mai 1834, art. 20, sur l'état des officiers.

Le projet actuel ferait donc pour les femmes et les enfants de tout citoyen sans distinction ce que les lois ci-dessus énumérées ont fait pour les familles des militaires.

En tout cas nous allons voir que les législations européennes se sont montrées sur quelques-uns de ces points beaucoup plus avisées que la nôtre.

Depuis un demi-siècle, l'Angleterre a, par une série de lois, tendu au relèvement de la femme mariée au point de vue de sa condition civile. Deux lois capitales marquent l'évolution qui s'est faite sur ce point en Angleterre. Une loi du 9 août 1870 et une loi du 18 août 1882, cette dernière améliorant et unifiant la législation antérieure relative aux biens des femmes mariées.

Dans le vieux droit anglais, la femme n'avait pas au point de vue juridique d'existence indépendante de celle de son mari ; incapable de contracter, incapable de plaider, incapable de tester, elle apparaissait comme confondue dans la personnalité juridique de son mari. De tous les biens qu'elle pouvait apporter en mariage, les immeubles seuls demeuraient sa propriété. Mais le mari conservait le droit non seulement d'administrer mais de dépenser au gré de sa fantaisie tous les revenus des biens dont la propriété était réservée à la femme.

Bien plus, et c'est sur ce point que la législation de la Commonlaw paraissait surtout injuste et tyrannique, les salaires provenant du travail de la femme appartenaient au mari ; la femme était dans la maison conjugale réduite au rôle d'une véritable esclave et le pécule que le droit romain, si dur pour la race servile avait cru devoir abandonner à l'esclave travailleur, n'était même pas accordé à la femme, à l'associée du chef de famille. (*Réforme Sociale*, 1880.)

Un pareil régime n'était-il pas révoltant ? Aussi, bien qu'aucun Statut n'en ait prononcé l'abolition, la Cour de Chancellerie avait-elle corrigé par un système d'équité tout ce que la Comnonlaw avait de barbare.

La femme a désormais une existence distincte de celle de son mari ; elle peut acquérir, aliéner, conserver la propriété de tous ses biens meubles ou immeubles. Les biens de la femme sont donnés au moment du mariage à des fidéicommissaires (Trustees), chargés de remettre à cette dernière les revenus des biens dont elle s'est réservé la propriété. Les biens ainsi érigés en fidéicommis ne peuvent pas être aliénés d'avance soit au moment du mariage soit pendant le mariage ; les fidéicommissaires en effet ne doivent remettre à la femme ses biens que d'année en année.

Mais tous ces moyens plus ou moins en opposition avec la légalité, n'atténuaient que dans une faible mesure les rigueurs du droit ancien. Non seulement toutes ces formalités étaient fort coûteuses, mais elles ne pouvaient être employées que par les familles riches, que par les femmes apportant une dot ou acquérant des biens pendant le mariage.

Mais la femme du pauvre, de l'ouvrier, celle qui n'apporte en se mariant qu'un maigre trousseau et la promesse, de son travail quotidien, celle-là demeurait misérable.

En 1857, la Société pour l'amélioration de la loi (*Society for the amendment of the law*) présenta à la Chambre des Communes un bill qui eut le tort de vouloir trancher le mal dans sa racine, car il n'aboutit pas. Aux termes de ce bill, les femmes mariées auraient conservé la propriété de tous leurs biens, comme si elles n'avaient pas été mariées.

Tout ce qu'obtint la Société, auteur du bill, fut l'insertion dans la loi du divorce *(Divorce act., de 1857)* d'une clause qui permettait à la femme abandonnée par son mari, de réclamer au magistrat une ordonnance lui garantissant la propriété de tout ce qu'elle pourrait acquérir depuis l'abandon du mari.

Vous le voyez, Messieurs, c'était là une imitation bien faible de notre séparation de biens judiciaire ; le mari conservait la faculté de tout gaspiller pourvu qu'il n'abandonnât pas sa femme. La Grande-Bretagne a été longue à à entrer dans la voie du progrès, et si actuellement la femme anglaise jouit d'une pleine capacité civile, c'est que l'action sans cesse croissante des mœurs finit toujours par devenir plus forte que la résistance opiniâtre des préjugés.

Le bill de 1857 fut repris en 1868 et introduit de nouveau devant la Chambre des Communes après avoir été considérablement modifié.

La législation des divers états d'Amérique et notamment de l'Etat de New-York venait de consacrer au profit de la femme mariée le principe d'une capacité civile presque entière. Les résultats heureux de la réforme engagèrent l'Angleterre à entrer dans la même voie et le bill de 1868 portait que : « la femme mariée serait désormais capable « de posséder, d'acquérir, d'aliéner, de léguer ses biens, « meubles ou immeubles, et en outre de contracter et d'es- « ter en justice comme si elle n'était pas mariée. » La Chambre des Lords plus respectueuse des vieilles traditions, repoussa de ce bill toutes les dipositions qui lui parurent excessives et conserva seulement certaines clauses spéciales reconnaissant à la femme la propriété exclusive de ses salaires et des sommes qui pourraient lui échoir pendant le mariage par succession *ab intestat*, par donation ou par legs. (Loi du 9 août 1870.)

Malgré toutes ces réformes successives, l'incapacité générale de contracter qui pèse sur la femme mariée subsistait toujours. L'unique résultat de toutes ces réformes avait été d'assurer dans une certaine mesure à la femme des classes ouvrières la propriété et la jouissance exclusive des biens qu'elle possédait avant le mariage ou qu'elle acquerrait ensuite par son travail et d'établir à son profit un régime matrimonial à peu près analogue à celui de notre séparation de biens.

Mais depuis 1870 la Grande-Bretagne a fait du chemin dans la voie de l'émancipation juridique des femmes et actuellement, par la loi du 18 août 1882, elle vient d'accorder à la femme mariée une indépendance complète. Désormais elle pourra contracter, ester en justice et disposer de tous ses biens comme si elle n'était pas mariée.

L'émancipation de la femme anglaise est donc complète et cette dernière peut se féliciter de jouir d'une liberté qui n'est en bien peu d'autres pays aussi étendue. (Voir pour cette loi de 1882 l'*Annuaire de Législation comparée* année 1883, page 331.)

Je me hâte, Messieurs, de déclarer nos institutions bien supérieures à celles de l'Angleterre sur ce point. Le législateur français s'est surtout préoccupé d'assurer la soumission de la femme à son mari toutes les fois que les liens du mariage n'ont pas été relâchés par une séparation de corps ou de biens judiciaire. Avec la loi anglaise de 1882 disparait complètement la puissance maritale. Le principe de morale qui fait à la femme une obligation de suivre son mari partout où il lui plaît de résider devient un vain mot. La femme ne sera jamais embarrassée pour se soustraire à la cohabitation dans les cas nombreux où c'est elle qui reçoit son mari ; il lui suffira de vendre sa propriété pour que le pauvre mari soit contraint de battre en retraite.

Et puis une pareille réforme en appelle une autre, car la distance n'est pas grande entre la reconnaissance d'une telle capacité et l'attribution des droits civiques.

En tout cas, Messieurs, cette émancipation ainsi entendue, loin d'être l'indice d'un perfectionnement dans les institutions de la vie privée d'un peuple apparaît au contraire comme un symptôme de désorganisation sociale.

La loi Norvégienne du 29 juin 1888, sur « le régime des biens entre époux », consacre tout un chapitre spécial (ch. II) à la capacité de la femme mariée.

L'art. 11 de cette loi renferme la disposition suivante :
« La femme mariée a la même capacité que la femme non
« mariée, et dispose de ses biens sous les restrictions indi-
« quées à la présente loi. »

Suivent alors une série de dispositions en vertu desquelles, mettant à part le cas où la femme est déclarée incapable ou mineure de 18 ans (art. 12), cette dernière peut, tout comme le mari, obliger la communauté pourvu que les obligations contractées par elle le soient pour le profit ou les besoins de l'association conjugale (art. 17). (V. la loi *Annuaire de Législation étrangère*, année 1888, p. 766.)

D'après le projet du Code civil allemand qui a vu le jour en 1888, le régime légal serait pour tous les états de l'Empire un régime d'union des biens, une espèce de combinaison du système germanique de la communauté et du système romain de la dotalité. Voici quelques dispositions de ce projet : A côté et en dehors des biens de la femme dont l'administration et la jouissance appartiennent au mari, il y a des « biens réservés » sur lesquels la femme conserve une pleine et entière liberté de disposition comme si elle n'était pas mariée. Parmi ces bien « réservés » le projet fait figurer les biens que la femme aurait acquis par son travail en dehors de la collaboration personnelle dont elle est tenue envers son mari, ou par l'exercice d'une profession ou d'une industrie indépendante (art. 1289.)

La femme est donc considérée comme séparée de biens en ce qui concerne le produit de son travail. (*Annuaire de Législation 1889.*)

Enfin, Messieurs, et je m'arrête, car ne pouvant consacrer à cette étude de législation comparée tous les développements qu'elle comporte, je ne voudrais pas la transformer en une sèche énumération, l'Italie a conféré à la femme qui a obtenu à son profit la séparation de corps, la pleine capacité civile et a maintenu toutes les entraves de l'autorisation maritale pour celle contre qui a été prononcé le jugement de séparation.

La condition de la femme n'a donc pas ce caractère de

dépendance qu'on se plaît à lui attribuer. Notre loi française ne suppose pas l'incapacité absolue de la femme puisqu'elle lui reconnaît quand elle devient veuve une entière liberté.

D'autre part la séparation de biens protège largement la femme contre les entreprises hasardeuse du mari ou même simplement contre son inaptitude à l'administration d'une fortune. La femme enfin ne rencontre-t-elle pas dans le principe de l'art. 1387 sur la liberté des conventions matrimoniales la garantie la plus efficace qu'elle est en droit de rechercher. Le régime dotal ne lui assure-t-il pas la conservation et la restitution entières du capital apporté en dot ?

Appliquer en France le système que nous avons vu régner en Angleterre par exemple, ce serait bouleverser toute l'économie de notre législation civile. Les règles concernant l'administration et la jouissance du mari dans les divers régimes matrimoniaux devraient disparaître. Il faudrait refondre la matière des obligations et tout notre système hypothécaire.

Que dire également au point de vue moral d'une pareille réforme sinon que l'union du foyer domestique serait détruite par l'apparition de ce dualisme fâcheux des intérêts faisant place à l'unité salutaire qui régnait auparavant au sein de la société conjugale.

Et même, serait-il bien vrai que les intérêts pécuniaires des époux ne seraient pas compromis si la femme pouvait, agissant à son gré et en dépit de la volonté de son mari, opposer son autorité à la sienne, devenir chef comme lui.

D'ailleurs, il faut bien le remarquer en finissant, Messieurs, toutes les innovations proposées sur cette question ne sont pas reçues sans difficulté par l'opinion publique : de pareilles réformes, en effet, choquent notre esprit national et nos idées sur les rapports personnels de l'homme et de la femme.

Enfin quel pouvoir donnerait-on aux femmes mariées, dans les cas, très nombreux aujourd'hui, où l'apport d'une riche dot est la condition essentielle du mariage ? N'y aurait-il pas un danger social à mettre ainsi les femmes mariées à la tête de l'administration d'une immense fortune et de livrer à leur inexpérience émancipée la libre faculté de disposer et de s'obliger? L'institution même du mariage ne ressentirait-elle pas le contre-coup d'une pareille situation? On verrait inévitablement diminuer le nombre des unions quand l'homme ne serait plus assuré de trouver au sein de son ménage la paix domestique et n'aurait plus la faculté de joindre aux produits de son activité intellectuelle ou commerciale les revenus de la fortune de sa femme pour assurer à ses enfants une situation honorable ou tout au moins pour remplir les obligations que lui impose la loi naturelle du mariage.

www.ingramcontent.com/pod-product-compliance
Lightning Source LLC
Chambersburg PA
CBHW060729050426
42451CB00010B/1693